A PROPOS

DES

MASSACRES DE SYRIE

RÉFLEXIONS

SUR

LES JEUX SCÉNIQUES

DE

QUELQUES HAUTS PERSONNAGES

PAR UN HOMME DE RIEN

Cuique suum.

Prix : 50 centimes.

PARIS
CHEZ TOUS LES LIBRAIRES
—
1861

A PROPOS
DES
MASSACRES DE SYRIE

RÉFLEXIONS
SUR
LES JEUX SCÉNIQUES
DE
QUELQUES HAUTS PERSONNAGES

PAR UN HOMME DE RIEN

Cuique suum.

PARIS
CHEZ TOUS LES LIBRAIRES

1861

Ces quelques pages formaient un article présenté au *Figaro* le 8 janvier.

Le jeudi 10, M. de Villemessant me rendait ma copie accompagnée d'une lettre que je ne me crois pas le droit de publier, mais qui prouve que cette main, rude parfois au pauvre monde et prenant volontiers une canne pour porte-plume, est délicate et loyale.

Cette lettre contient les raisons du refus d'insertion.

J'ai trouvé ces raisons si bonnes, si respectables, que mon premier mouvement fut de sacrifier mon travail.

Mais je suis trop convaincu de l'utilité, de l'à-propos et de l'urgence de la discussion que je viens soulever, pour hésiter davantage.

Amicus Plato, sed magis amica veritas! Ou, pour dire en français la chose :

Fais ce que dois, advienne que pourra!

E. A. D.

Paris, 14 janvier 1861.

I

Lorsqu'on reçut à Paris la première nouvelle des atrocités commises pas les Druses, je rencontrai un de mes amis, auquel les douloureuses expériences de la vie et trente ans de pénibles labeurs n'ont rien fait perdre des jeunes illusions.

Il allait d'un petit air triomphant, armé de livres et de journaux.

— Eh bien, lui dis-je, il fait bon d'être

Chrétienne dans Paris, musulmane en ces lieux.

— Ah! me répondit-il, quelle superbe occasion! Voyez, je viens d'acheter la *Vierge du Liban*, des voyages en Syrie, les gazettes... Je rentre, je m'enferme, et demain je porte à l'Ambigu, où l'on me veut du bien, le scénario d'un grand drame : *les Maronites*. Cent représentations... à bientôt la première!

Il s'arrêta en me voyant sourire.

— Toujours sceptique! fit-il d'un ton de reproche.

— Et vous, toujours enfant! Quels sont vos droits, pour vous emparer d'une si belle proie?

— J'accepterai pour collaborateurs d'Ennery, Dugué ou Séjour.

— Et ils vous diront que vous venez trop tard, que ce sujet diplomatique est réservé pour une plume officielle.

— Quoi ! Monsieur...

— Chut !... qui sait si déjà un archevêque n'est pas à l'œuvre ? Vous en êtes pour vos frais : de l'argent de moins, un rêve de plus.

Et il partit mélancolique.

II

. . . .

Donc, le théâtre impérial du Cirque a donné, le vendredi 28 décembre, la première représentation des *Massacres de Syrie.*

L'affiche dénonce M. Victor Séjour comme seul auteur de cette œuvre historique, religieuse, politique, chorégraphique et zoologique.

Signaler M. Mocquard, le collaborateur anonyme, est commettre une indiscrétion ; mais c'est toi qui l'as nommé, presse parisienne, officiellement officieuse ou officieusement officielle.

III

Enregistrons ce nouveau cas de l'épidémie qui exerce ses ravages dans les plus hautes régions de la société.

Et constatons que notre cher malade n'est atteint ni pour la première, ni, sans doute, pour la dernière fois.

Si je compte bien, c'est au moins une troisième attaque.

Oui, depuis deux ans environ, nos demi-dieux sont tourmentés du besoin de jouer, avec ou sans faux nez, aux simples mortels.

Ils reproduisent, aux dépens des auteurs dramatiques qui vivaient déjà péniblement de leur profession, et à la plus grande satisfaction de MM. les critiques, qui s'en trouvent bien apparemment, les scènes de Mercure et de Sosie.

Heureux le Sosie, s'il trouve un Mercure bon enfant, auquel il puisse dire :

Je serai le cadet, et tu seras l'aîné !

M. Séjour a eu ce bonheur.

IV

Pourquoi son aîné n'est-il pas mentionné sur l'affiche, après que tous les journaux ont *murmuré* son nom?

Quelle est cette coquetterie de la bergère antique?

Et fugit ad salices...

On me dit que la haute position de M. Mocquard l'oblige à cette réserve.

Des imbéciles, croyant qu'un secrétaire n'écrit que ce qu'on lui dicte, pourraient soupçonner l'Empereur lui-même d'être le véritable auteur de la pièce.

Certaines réclames ont même cherché à faire supposer cette impériale participation.

Assurément il est fâcheux, *même avec un incognito si bien gardé*, qu'un haut fonctionnaire se présente au jugement du public, et l'embarras est grand pour les spectateurs.

V

Voyez à quelles mésaventures on est exposé!

J'assistais, l'hiver dernier, à la représentation de *l'Histoire d'un Drapeau*. Il y avait une scène où le drapeau tricolore et le drapeau blanc se trouvaient en présence; on glorifiait le premier, on conspuait l'autre.

Ce manque de tact blessa quelques auditeurs; j'étais du nombre. On siffla, et je sifflai. Il me semblait que ce vieil étendard de Bouvine, de Nordlingen et de Fontenoy, qui avait, pendant huit siècles, symbolisé l'honneur français, ne méritait point l'outrage.

Cette couleur blanche, si délicate, n'est-elle pas un poétique emblème de l'honneur? n'a-t-on pas bien fait de la conserver?

Bref, après cette désapprobation un peu trop sincère, on me dit que j'avais sifflé... M. Mocquard.

J'étais désolé : je ne voulais que blâmer un auteur, et je pouvais paraître attaquer un fonctionnaire. J'avais exprimé une opinion toute littéraire, protesté contre un manque de goût, et cela prenait, à mon insu, une allure politique.

En pareil cas, il n'y a donc pas de liberté pour la critique.

VI

J'aurais bien osé dire à M. Séjour, ce Shakespeare du boulevard, que son nouveau drame me choque en plus d'un endroit. Dans un pays qui a une presse et une tribune, le théâtre ne me paraît pas un lieu bien choisi pour politiquer.

Est-ce à des comédiens à prononcer sur des planches, au milieu de danseuses court-vêtues et de chameaux ahuris, l'oraison funèbre de la Turquie et le panégyrique d'un grand prince?

Mais comment adresser ces critiques à M. Mocquard, surtout quand j'entends de tous côtés un concert de louanges, où les instrumentistes du lundi, un seul excepté, Francisque Sarcey, exécutent les soli!

VII

Pourquoi faut-il que dans les pluies de fleurs, il y ait toujours des pavés d'ours?

En voici un : je ne sais quel enthousiaste s'est écrié que

le secrétaire de Napoléon III pouvait seul traiter un pareil sujet.

C'est confisquer au profit d'un seul tout le patriotisme français; c'est prétendre qu'en France on ne peut plus désormais exprimer de nobles idées, sans que l'initiative parte d'en haut.

Ce n'est pas tout. L'Empereur est à plusieurs reprises justement loué dans l'œuvre de M. Mocquard. Il en résulterait donc qu'il ne peut attendre d'éloges que de son secrétaire!

On n'est pas plus maladroit, et je suis bien aise de protester, au nom des auteurs dramatiques, contre ces inepties. Ils savent remuer les fibres nationales, parler d'héroïsme, et rendre hommage à un chef glorieux.

Ne craignons pas de le dire, à ce point de vue, le caractère officiel donné fatalement à cette épopée, par la qualité de l'un des auteurs, est plus un mal qu'un bien.

VIII

Cela me confirme dans mon opinion, que ces excursions des grands personnages dans le domaine du théâtre sont regrettables, et la presse a grand tort de les encourager.

Que dis-je! elle les provoque.

On a pu lire comme moi une correspondance de *l'Indépendance belge* racontant, avec de justes éloges, les marques de bienveillance données ou promises aux lettres et aux arts par M. le comte Walewski.

« M. le ministre d'État, ajoutait gracieusement le rédacteur, est lui-même un lettré; *il a*, dit-on, *en portefeuille une belle comédie en cinq actes!* »

Je doute que le noble comte réponde à ces agaceries, et sollicite une lecture au comité du Théâtre-Français; mais le flatteur a fait son office, et renards d'applaudir à cette délicate insinuation!

IX

Je ne sais si mes gros confrères pensent de cela ce qu'ils en disent... et n'en disent pas. Pour moi, qui descends d'Alceste... par les femmes, je dirai ce que j'en pense.

Les uns crieront *oh, oh!* d'autres *ah, ah!* un petit nombre *eh, eh!* selon les tempéraments; mais, au fond, personne n'en sera fâché.

Je vais en enfant perdu; mais les téméraires frayent la route aux courageux et aux forts.

En avant!

X

Longue est la liste des auteurs-amateurs, hommes en place, hommes en nom, hommes en fonds, qui, d'abord par exception, et aujourd'hui régulièrement, se sont emparés des scènes grandes et petites.

L'activité de deux théâtres ne suffirait pas à représenter, dans un an, les œuvres littéraires ou musicales que ces messieurs ont le loisir de produire et dont ils touchent les droits.

D'où nous vient cette nouveauté?

Est-ce ambition?

Singulier calcul! Descendre de la scène politique où l'on remplit les premiers rôles, devant un public d'élite, pour trébucher sur les planches des théâtres, devant une foule vulgaire!

Est-ce fantaisie?

Mais cette fantaisie compromet l'honorabilité de ceux qui y cèdent, et elle coûte à d'autres, qui ne sont pas assez riches pour en payer les frais.

Est-ce illusion?

Illusion trop commune en France, où un grand poëte prétendra être un habile homme de gouvernement et ne saura point administrer ses propres affaires. Ah ! n'encourageons point ce travers : il n'a produit que trop de maux !

Est-ce besoin ?

Question inconvenante, qui ne peut être adressée aux plus éminents serviteurs d'un grand Empire, aux protégés d'un souverain généreux !

Est-ce donc intérêt de l'art ?

Les complaisants nous parleront des défaillances intellectuelles, du piteux état de nos théâtres, des avortements de nos auteurs...

Aurai-je la naïveté de leur répondre : Qu'ils comptent cette longue file d'écrivains et de compositeurs qui se morfondent, sans pouvoir entrer, aux portes étroites des directeurs !

On manque de pièces, dites-vous ? Dépêchons-nous d'en rire, pauvres auteurs crottés, pour n'avoir pas à en pleurer.

XI

Le critique n'est point un courtisan.

Boileau, trouvant mauvais des vers de Louis XIV, le déclarait avec esprit, mais avec franchise.

Laisser dire et laisser croire que *Pierre de Médicis*, composition facile, mais commune ; *l'Africain*, niais mélodrame ; *la Considération*, conception mesquine, de style incolore ; *les Massacres de Syrie*, beaucoup trop bariolés, et d'autres productions de même source, profitent à l'art et témoignent dans leurs auteurs d'une supériorité littéraire ou artistique, ce serait manquer de probité.

Affirmons-le, aucune de ces œuvres de si haute origine ne se fait remarquer par sa valeur propre. Vous n'y trouverez nulle empreinte d'originalité, ni cette puissance de talent qui fait admirer l'ouvrage sans qu'on se préoccupe de l'ouvrier.

Or, n'en déplaise aux auteurs écussonnés, poinçonnés, ou marqués du sceau de l'État, leur entrée en lice ne serait excusable qu'à la condition de faire beaucoup mieux que les autres.

S'ils font moins bien, il est convenable et moral qu'ils s'abstiennent, ou qu'ils luttent entre eux, sur un terrain a eux.

XII

Si cette intrusion de nos grands seigneurs ne profite pas à l'art, je ne vois guère ce qu'eux-mêmes peuvent y gagner.

En effet, — ou ils se présentent aux directeurs, à la critique et au public, dans le simple appareil d'un auteur qui sera jugé selon ses œuvres, et ils courent risque alors de trouver un accueil fait pour les étonner; — ou ils apparaissent dans toute la splendeur de leurs titres et de leur fortune, pour fasciner l'impresario, intimider les journalistes et éblouir la foule, ce qui nuit à leur dignité et à leur considération.

Je réponds de leur bonne foi; j'affirme qu'en se soumettant au jugement d'autrui ces nobles auteurs oublient leur supériorité sociale et croient fermement n'être plus que des écrivains ou des artistes; qu'ils éprouvent même une intime satisfaction à dépouiller tout éclat emprunté. Mais ils ne songent pas aux servitudes volontaires, à la bassesse naturelle aux hommes. Ils auront vainement laissé à la porte leurs laquais et leurs insignes, ils auront beau réclamer l'honneur de l'incognito : ceux qui les reçoivent ne sauraient oublier ce qu'ils sont, et verront toujours en eux le prince, le puissant, le privilégié. Où ils venaient loyalement chercher des juges, ils ne rencontreront que des courtisans.

Que faire alors? subir les inconvénients de votre grandeur et rester, en soupirant, attachés au rivage.

XIII

Cette résignation vous séra plus facile, quand vous envisagerez les funestes conséquences de vos entraînements.

Ce que je vais dire est si sérieux, si triste même, que nos Philintes m'accuseront peut-être d'exagération et d'amertume.

Sachez-le donc : vos amusements ne nuisent pas seulement aux intérêts pécuniaires des écrivains; ils portent encore atteinte à la dignité des lettres.

Je ne veux point instruire le procès de ceux de nos confrères qui se font vos complaisants collaborateurs et désertent ainsi la cause commune. Dans une question si délicate, on ne relève que de sa conscience.

Mais vous introduisez dans l'esprit public de singulières idées. En vous voyant vous immiscer si aisément dans les choses du théâtre, la foule prend de l'art dramatique une assez mauvaise opinion, et, pour elle, il n'existe plus.

Qu'on essaie de lui persuader que cet art exige des aptitudes, un apprentissage, des soins persévérants, elle sera incrédule; à ses yeux, celui qui de cet art fait une étude et une profession n'est au banquet social qu'un parasite.

Des hommes qui sont du monde par l'éducation et la position vous diront: « Pour faire du théâtre, il faut avoir de la fortune! »

Les faits leur donnent raison.

Et quand ils ont lu dans leur journal que l'équité du souverain faisait à Félicien David une pension de 2,400 fr. pour l'aider à vivre, ils ont vu là une éclatante confirmation de leur opinion.

Pour les bourgeois, les gens de lettres et les artistes

obligés de solliciter des secours parce qu'ils ne peuvent subsister de leur travail, sont des mendiants, des flâneurs, des écornifleurs de budget!

Qu'en dites-vous, messieurs? Si vous prenez le petit champ que nous labourons pour vous en faire un jardin d'agrément, serons-nous donc réduits à mourir de faim, ou à changer d'état, ou à vivre d'aumônes, ou à copier vos manuscrits et à orchestrer vos partitions?

Mépris de la société pour les hommes qui se dévouent aux travaux de l'esprit; sort précaire et découragement de ceux-ci, voilà un double mal qui augmente tous les jours, qu'il importe de signaler, et que les envahissements des auteurs officiels contribuent à répandre.

XIV

Certes, la difficulté de produire ses œuvres a existé, existe, existera encore, lors même que la libre concurrence sera possible.

Dans cette carrière, comme dans les autres, le nombre des prétendants s'est accru ; on devra toujours tenir compte de supériorités légitimes, d'influences inévitables.

Je ne demande pas, malgré l'intérêt personnel que je pourrais y avoir, qu'on favorise la médiocrité ; mais en raison même des obstacles nécessaires et impossibles à renverser, j'ai le droit de protester contre des entraves nouvelles.

Sans doute, MM. Mocquard et Camille Doucet invoqueront leur passé : respectez vos aînés, me diront-ils, nous vous avons précédé dans cette arène d'où vous prétendez nous exclure.

Il faut répondre, et dure est la réponse; mais on doit la vérité à ceux que l'on estime.

Que ne restiez-vous simples citoyens de cette république des lettres, satisfaits de votre indépendance?

Vous avez préféré une autre position. Le choix est fait, subissez-en toutes les conséquences.

Vous ne pouvez être ainsi, sans embarras, des hommes doubles. Que dirait-on d'un ancien avocat devenu ministre de la justice qui se présenterait pour plaider au civil ou au criminel? M. Villemain, quand il était grand-maître de l'Université, ambitionnait-il d'être répétiteur à Sainte-Barbe et courait-il le cachet?

Que votre mérite littéraire ait servi à votre élévation sociale et politique, je m'en réjouis et vous en félicite.

Mais que vos titres officiels favorisent aujourd'hui vos regains dramatiques (et bon gré mal gré il en est ainsi), je m'en afflige et je vous le reproche, en raison même des sympathies que j'ai pour vous.

Et votre sens est trop droit, votre esprit trop fin, votre cœur trop noble pour vous en étonner et m'en vouloir.

XV

Je ne prétends pas que ma voix parvienne aux régions élevées : elle part de trop bas.

Mais ce n'est pas ma faute si ceux qui peuvent se faire entendre et écouter restent silencieux.

La Société des auteurs et compositeurs est assez nombreuse et assez bruyante pour exécuter un vigoureux chœur d'ensemble.

Cette Société est représentée par une commission, composée d'écrivains et d'artistes qui ont le talent, la gloire, la fortune.

On s'étonne, on s'afflige de leur indifférence.

Désintéressés dans cette affaire par la position même

qu'ils ont su conquérir, ils peuvent plaider plus librement la cause de leurs cadets.

Que devront-ils faire? Irai-je conseiller l'agitation et l'émeute? Je n'ai point de goût pour le scandale.

Qu'on fasse appel à nos honorables mais redoutables concurrents.

On leur dira : « Travaillez avec nous à faire cesser un état de choses préjudiciable à une classe déjà déshéritée, qui vous crée une position fausse et menace, s'il se prolonge, de vous rendre odieux ou ridicules. »

Je me trompe fort, ou ils seront enchantés de la proposition, et vous les verrez vous seconder avec ardeur.

Examinez sérieusement avec eux une question dont il est temps de reconnaître l'importance, et priez d'un commun accord M. le ministre d'Etat de remédier au mal.

Voici la formule du problème à résoudre :

Considérant que si la culture des lettres et des arts peut être admise dans l'économie sociale comme une profession, elle doit être cependant librement exercée et ne saurait constituer un monopole;

Il importe de favoriser cette culture pour ceux qui n'y cherchent qu'une jouissance et de sauvegarder les intérêts de ceux qui, plus nombreux, sont obligés d'en tirer un profit;

Trouver les moyens d'atteindre à ce double résultat sans recourir à des mesures prohibitives et protectrices, mais en développant, au contraire, l'activité et la liberté de la production.

XVI

Ces moyens que j'ai déjà indiqués dans un travail inséré au *Figaro* (n° du 2 août 1860), me paraissent bien simples. Qu'on me permette de les rappeler et d'en compléter l'ensemble.

1° Augmenter le nombre des théâtres qui ne sont plus en rapport avec l'extension du nouveau Paris ni avec l'accroissement des auteurs.

2° En confier les directions à des hommes scrupuleusement choisis parmi des candidats présentés par les comités des trois associations des auteurs dramatiques, des gens de lettres et des artistes dramatiques; profiter sans faiblesses des renouvellements successifs de priviléges pour faire justice des incapables et des indignes. . . . .

Il en est plus de trois que je pourrais nommer!

3° Diminuer subsidiairement la quantité des cafés-concerts et autres établissements bâtards où la prostitution tient ses assises, où la mauvaise musique, les mauvaises boissons et les mauvaises manières émoussent les sens et gâtent l'intelligence.

4° Autoriser l'ouverture d'un théâtre spécial qui pourrait s'appeler le *Théâtre d'Apollon*.

Ce théâtre donnerait quatre représentations par semaine ; son répertoire comprendrait :

Les œuvres des morts illustres, dont actuellement les vivants paient un peu trop la gloire ;

Les œuvres des contemporains devenues chefs-d'œuvre par la double consécration du temps et de l'opinion ;

Les œuvres des auteurs-amateurs, c'est-à-dire des hommes riches ou haut placés qui satisfont un goût et n'exercent pas une profession. Ils pourraient ainsi contenter sans scrupules une inclination honorable et des désirs alors bien innocents.

Ce théâtre, subventionné par l'Etat, traiterait librement avec les auteurs qui auraient le moyen d'acheter ses services et de payer leurs succès.

Il aurait une troupe régulière, a laquelle il pourrait, pour l'exécution des chefs-d'œuvre et dans des cas déterminés, adjoindre les premiers sujets des autres scènes, des lauréats du Conservatoire, de grands artistes en congé, etc.

Qu'un homme d'expérience s'empare de cette idée et la développe ; elle est féconde.

5° Instituer des concours réguliers dont les prix seraient proposés par l'Etat ou par les villes, l'Institut, des associations, ou enfin par de riches citoyens.

Faciliter sur les scènes de Paris et sur celles des départements la représentation des œuvres couronnées.

6° Comprendre enfin et faire comprendre à la nation que l'art théâtral ne doit pas périr dans un pays qui a vu naître Corneille, Racine, Molière, Beaumarchais, et que le culte de cet art constitue une profession.

XVII

A l'œuvre, hommes de bonne foi et de bon vouloir. Il n'y a pas de temps à perdre, et le moment semble opportun.

Au point où en sont les choses, si aujourd'hui l'on jouait Beaumarchais vivant, ce serait par égard pour le financier; Racine devrait se prévaloir de son titre d'historiographe de la couronne, et l'on n'accueillerait Molière que pour être agréable au valet de chambre du prince!

EUGÈNE AUDRAY-DESHORTIES.

Paris, le 6 janvier 1861.

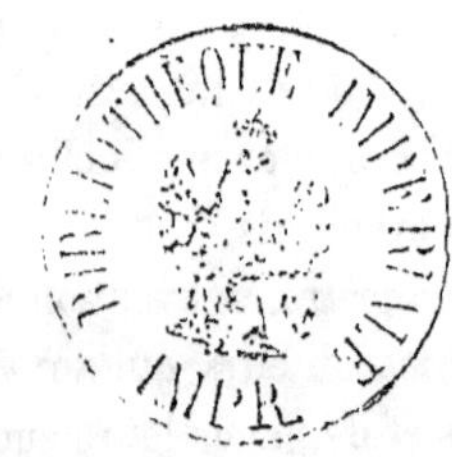

Imprimé par Charles Noblet, rue Soufflot, 18.

IMPRIMÉ PAR CHARLES NOBLET
Rue Soufflot, 18.

www.ingramcontent.com/pod-product-compliance
Lightning Source LLC
LaVergne TN
LVHW020634110826
845149LV00004B/1187

* 9 7 8 2 0 1 9 1 9 2 6 2 4 *